STRASBOURG, IMPRIMERIE DE V.ᵉ BERGER-LEVRAULT.

UNE

EXCURSION GNOSTIQUE

EN ITALIE,

PAR

M. MATTER,

Ancien Inspecteur général des bibliothèques publiques, Conseiller
honoraire de l'Université de France, etc.

AVEC 12 PLANCHES LITHOGRAPHIÉES.

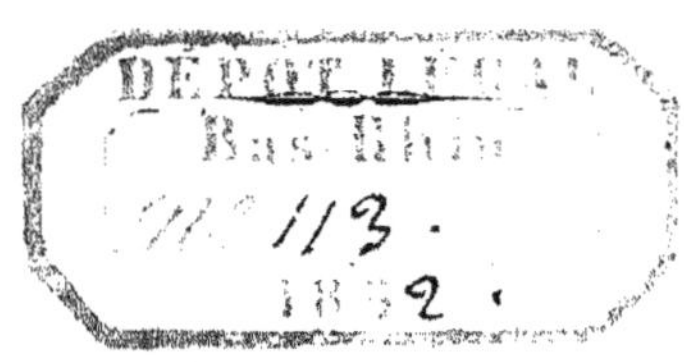

STRASBOURG,

VEUVE BERGER-LEVRAULT & FILS, LIBRAIRES.

PARIS,

CHEZ C. REINWALD, LIBRAIRE, RUE DES SAINTS-PÈRES, 15.

1852.

UNE

EXCURSION GNOSTIQUE

EN ITALIE.

Dans l'état où se trouve encore l'archéologie gnostique, j'ai à peine besoin de motiver la publication de quelques pages, ou du moins, de quelques notes sur une excursion que je viens de faire en Italie à la recherche d'une classe de monuments, naguère encore négligés, aujourd'hui fort appréciés, parmi nous comme ailleurs. On trouvera tout simple, je pense, que je vienne signaler l'existence, le nombre et la nature des monuments gnostiques que j'ai eu la bonne fortune de rencontrer, ou la mauvaise de manquer. Appeler une exploration plus attentive à l'égard de ceux, en plus grande quantité peut-être, que je n'ai pu voir et qui se dérobent encore aux investigations du voyageur dans des cabinets particuliers ou des boutiques de marchands, ce m'est une sorte de devoir.

En effet, j'ai la certitude qu'il existe encore un grand nombre d'abraxas chez les marchands et chez les particuliers ; et pour assurer l'étude plus complète et plus

1

fructueuse de cette branche si importante de l'archéologie , c'est de ce côté qu'il faudra diriger les recherches. Ce qui est dans les collections publiques est
à peu près connu ou publié ; il n'en est pas de même
des collections privées ou des objets isolés ; une excel-
lente brochure de M. Stickel est venue récemment
attester que des choses très-précieuses se rencontrent
là quelquefois. [1]

Il y a pourtant autre chose à faire encore.

Les monuments gnostiques ont eu le malheur de
naître de doctrines fort obscures pour nous, celui
d'appartenir à une mauvaise époque de l'art, celui
d'être fort décriés en raison des symboles qu'ils offrent,
et enfin celui d'être fort diversement et fort mal
expliqués. Il en résulte que , le moment d'une appréciation plus juste étant arrivé, on les trouve mal conservés et mal classés dans les cabinets , mal dessinés
dans les livres et si mal jugés dans l'opinion commune,
que dans le public peu de monde aime à s'en occuper.
Il y a là toute une série de réhabilitations à entreprendre. C'est à ce point que la vraie science des pierres
basilidiennes est à créer, et qu'il est nécessaire de se
mettre systématiquement à faire, à nouveau, la description et la publication de la plupart d'entre elles. Ce
sera l'unique moyen d'en préparer une interprétation
plus saine, et d'être à même, le doigt sur ces monuments, de montrer le vrai rôle que le gnosticisme a

1. *De Gemma Abraxea nondum edita*. Iena 1848 , in-4.°

3

joué, pendant plus de trois siècles, ici comme doctrine
de transition entre l'enseignement chrétien et ceux
qui l'avaient précédé, ailleurs comme doctrine d'imitation propre à répandre quelque jour sur toutes celles
qu'elle a eues pour mères et pour nourrices.

En effet, si M. Lenormant a pu dire avec raison que
l'archéologie égyptienne attend de grandes lumières
de l'étude plus exacte des monuments gnostiques[1],
on peut dire à plus forte raison peut-être que des
doctrines sur lesquelles on a trop peu de textes, no-
tamment celles de la Perse, de la Judée et de l'Égypte
dans les premiers siècles de notre ère, sont dans le
même cas. Plus il nous resterait sur ces doctrines de
monuments à la fois curieux et susceptibles encore
d'explications ultérieures, plus il faudrait étudier les
antiquités gnostiques qui peuvent avoir l'avantage d'y
répandre du jour. Les découvertes qui se font en ce
moment même sur la Voie Appienne prouvent, ce
semble, bien à propos que l'archéologie doit encore
au gnosticisme une attention toute spéciale. Jusqu'à
présent un très - petit nombre, une famille très-
restreinte de la grande classe des archéologues, s'est
intéressée aux abraxas ; l'horizon désormais plus
élargi qu'embrasse l'étude de ce genre de compositions,
doit à l'avenir fixer les regards de tous ceux qui
s'occupent des monuments des derniers siècles qui ont
précédé l'ère chrétienne et des premiers qui l'ont

1. Des hiéroglyphes d'Horapollon, p. 27.

suivie. Ce n'est pas sous le point de vue de l'art que les abraxas méritent cette attention nouvelle ; ils la réclament d'abord sous le point de vue de l'étude comparée des monuments ; ensuite et surtout sous le point de vue des idées au nom desquelles la *gnose* des premiers siècles, comme celle d'autres temps, a prétendu lutter contre ce magnifique système de croyances et de solutions qui s'est appelé le christianisme, et à laquelle la plus haute métaphysique de l'ancien monde, grec ou oriental, n'a été ici qu'une savante introduction, là qu'une préparation élémentaire.

J'ai commencé mes explorations à Come : mais les professeurs du lycée étaient en vacances, et l'édifice, consacré à leurs cours, était affecté au service de l'armée ; de sorte que je n'ai pu y voir de collection d'aucun genre, ni me mettre en rapport avec aucun conservateur, pas même celui de la bibliothèque. Si je marque cette localité comme une *station abraxéenne*, c'est qu'il est impossible que le commerce fait avec l'Orient par les propriétaires de plusieurs villas des bords du lac, n'y ait pas jeté quelques-unes de ces pierres qui servent aujourd'hui encore de talismans et d'amulettes en Asie.

Malgré les vacances, tout m'a favorisé à Milan.

Mon célèbre confrère, M. Labus, à qui l'épigraphie latine doit de si ingénieuses découvertes, et la ville de Brescia, sa patrie, cette illustration monumentale qui est née des travaux d'investigation qu'il lui a consacrés,

M. Labus m'a procuré une empreinte d'une des plus belles pierres qui se trouvent à Milan et que je publie avec tout l'empressement de la reconnaissance (Pl. I. fig. 1). L'original, qui appartient à une dame de Milan, est un jaspe sanguin. Le travail du graveur est fort beau. Il représente un personnage dont la partie inférieure est encore à l'état de momie, tandis que la partie supérieure est décorée d'une coiffure d'immortalité. Posant ou planant sur un scarabée, symbole de la reproduction, et, par extension, de la résurrection, et accompagné de deux gardiens dont le sceptre orné du coucoupha indique la bienveillante protection, ce personnage chemine évidemment vers sa destinée dernière. Ses deux compagnons sont probablement Anubis et Phthah. La finesse des traits qui forment les têtes nous laisse, à cet égard, dans un doute que les caractères de l'inscription, d'ailleurs très-nettement exécutés, ne viennent pas dissiper. La légende offre les quatre lignes suivantes : ΦΧΑ٩ — ٩ΗΧƆƎИ — ΦΟ٩ΧΙΦ — ΦѠѴИ — ѠΧΙ.

M. Labus guida mes recherches ultérieures à Milan et en Italie par quelques-unes de ces indications qui caractérisent l'antiquaire consommé, et me donna un paquet de lettres auxquelles, par déférence pour l'auteur, ses nombreux amis ont fait partout l'accueil le plus encourageant pour le messager.

M. Biondelli, directeur du cabinet des médailles et professeur d'archéologie, jeune encore, mais déjà célèbre, mit à ma disposition son cabinet, la belle collection d'ouvrages d'antiquités qui forme une bibliothèque à part de la bibliothèque du palais de Bréra, et son petit écrin d'abraxas, s'il m'est permis d'employer ce mot qu'il trouva trop ambitieux alors et qu'il accepterait aujourd'hui avec plus de raison, tant il a mis de célérité à l'enrichir depuis notre entrevue.

Deux pièces de cette petite collection sont d'un grand intérêt.

La première, chargée d'une inscription, est à deux faces ; la seconde, chargée de sept caractères grécocoptes, entourés d'un serpent, a donné lieu, de la part de M. le comte Castiglioni, à une explication fort ingénieuse consignée dans une lettre particulière qui sera peut-être publiée un jour. Il m'a du moins semblé, à la rapide lecture que j'en ai pu faire, que l'auteur s'écarte de cette vieille voie où l'on rendait raison de tout avec trop de confiance, à force d'esprit de combinaison et honteux de rien réserver à l'avenir. Ces deux pierres sont inédites. Je ne parlerai ici que de la première. Magnifique , une des plus belles du genre, elle est montée de manière à en rendre le moulage périlleux ; or, comme elle mérite d'être publiée sans retard, M. Biondelli a bien voulu m'en promettre un dessin, et il vient de m'en envoyer un d'une exactitude qui ne laisse rien à désirer. Je le donne ici avec la permission expresse du savant archéologue (pl. I. n.°2), et j'ajoute , dès ce moment , que tous ceux qui ont bien voulu m'aider ou m'enrichir en Italie, m'ont offert de même et toujours avec un égal abandon de faire de leurs communications tel usage que je croirais utile aux progrès de ces études. Il paraît qu'au delà des Alpes tout le monde en est là en fait d'abraxas, et l'on a raison d'être entré dans ces voies généreuses; car ce qui est vraiment méritoire, ce n'est pas de publier un monument le premier, c'est de l'expliquer mieux que tous les autres, et à défaut de ce mérite, de concourir au moins à l'explication par le plus simple des moyens, la communication. Je crois que ce n'est pas encore le moment de prétendre au premier de ces mérites; mais peut-être n'est-ce plus celui de se réduire tout à fait au second, et sans interrompre mon récit par une longue explication, j'essaierai de donner sur ce monument que je reprendrai ailleurs, quelques indications qui en feront apprécier, je crois, l'importance.

C'est une agate, d'une nuance assez rare, très-jaune, d'un grain très-pur; le travail du graveur est d'une bonne exécution. Mais ce qui a bien plus de prix dans ce genre de monuments où le génie de l'artiste eut peu de chose à faire et peu de liberté même, où tout l'intérêt est dans les idées rendues, c'est la rareté et la nouveauté de la plupart des symboles et des légendes. Le personnage couché représente le corps du défunt. Cette représentation de l'être immortel sorti du corps et planant au-dessus de lui, paraît imitée du symbolisme persépolitain et égyptien. Dans le premier le ferouer ou la forme idéale de l'homme, l'homme spirituel, est souvent figuré à côté de l'homme corporel, pour les rois surtout. Dans le second le défunt ou la défunte se trouve tantôt représenté sous sa forme propre, tantôt sous celle d'un oiseau à tête humaine. On en voit un exemple frappant dans un monument publié par M. Guigniaut[1]. L'exhibition répétée du même personnage a passé, à cette époque dans l'art gréco-romain. On en voit la preuve dans le curieux bas-relief du musée Pio-Clémentin qui nous montre Prométhée créant Pandore, et où le personnage *inexpliqué* de *Serys*, est répété jusqu'à trois fois, une fois à l'état de corps, dépouillé de l'âme, que Mercure psychopompe conduit à sa destinée future.[2]

Dans le monument qui nous occupe, un autre personnage s'élevant au-dessus du premier, figure son moi immortel allant à sa destination dans les espaces

1. Religions de l'antiquité, vol. 4, pl. XLV, fig. 182, cf. Explication des planches, p. 75.

2. Visconti, Musée Pio-Clementin (dans les œuvres d'Ennius-Q. Visconti. Milan 1824. T. IV, pl. 34). — Ce curieux bas-relief mérite une attention nouvelle. Il a été l'objet d'une des explications les plus ingénieuses de la part d'E. Visconti ; mais la présence des trois animaux et le nom de Serys n'y sont pas motivés d'une manière suffisante. Que *Serys* fût mis pour *Serus*, cela n'aurait certes rien de surprenant pour les paléographes ; mais que *Serus* soit la traduction d'Épiméthée, cela n'est pas encore admis. Par quelle raison un seul des noms grecs aurait-il été traduit par le sculpteur, tandis que les autres ont été tous conservés ? Cela n'a pas assez de précédents ni de pendants dans l'histoire de l'art gréco-romain.

9

célestes indiqués par les étoiles. Cette scène, le voyage
de l'âme à ses fins dernières, se retrouve ailleurs. J'en
avais publié dès 1828 trois types également curieux,
l'un d'après un jaspe sanguin du cabinet de M. Lajard,
l'autre d'après une des plus belles pierres de la collection de M. Durand, le troisième d'après un basalte
du cabinet de M. Denon.[1]

Ces trois pièces inédites alors offrent sans doute
une certaine analogie avec celle que je publie aujour-
d'hui pour la première fois; toutefois la manière dont
la scène de la pérégrination céleste est rendue dans
les quatre monuments, quant aux symboles principaux
et aux accessoires, diffère beaucoup. Dans celui de
notre planche I.re le genre de coiffure du voyageur aux
régions éternelles et la triple équerre qu'il porte sur
ses épaules (car ce n'est pas le flabellum connu), sont
des emblèmes nouveaux.

Il y a nouveauté aussi dans la seconde figure, celle
du génie qui conduit le défunt vers sa demeure céleste
et vers son redoutable juge. D'ordinaire, ce conduc-
teur est ou Hermès psychopompe à tête humaine, ou
son lieutenant Anubis à tête de chien. Ici, c'est un
personnage à deux têtes qui chemine à travers les cieux
étoilés, en s'appuyant sur deux serpents, et ayant
l'air de faire face aux mauvais génies que, selon la
doctrine admise par tous les gnostiques, il a besoin de

1. Histoire du Gnosticisme, 1.re édition, vol. III, pl. II B., fig. 7 et
8, et pl. II C., fig. 1.

combattre ou d'adoucir pour pouvoir traverser heureusement leur domaine. Le personnage à deux têtes que nous voyons ici, n'est ni Mercure ni Anubis, c'est non-seulement un être mixte, il y en a deux. C'est d'abord le démiurge Phthah, figuré par la tête de lion, animal qui est son symbole et qui est aussi quelquefois celui de sa compagne. C'est ensuite cette autre divinité dont le vautour est l'emblème caractéristique, c'est-à-dire la déesse Néith, la Minerve égyptienne, qui assiste comme intelligence souveraine aux scènes du jugement dernier [1], et qui en sa qualité de principe femelle de Phthah démiurge, représente aussi la force mouvante de la nature. Ce sont, l'un et l'autre, des dieux supralunaires, et la scène est ici au-dessus de cette région inférieure dont le dieu *Lunus* et, sous ses ordres, la déesse Saté ont le gouvernement, et où nous transportent d'autres monuments de ce genre.

Les légendes offrent une de ces combinaisons mystérieuses qui se bornent à un certain nombre de syllabes (aeini, aeili, aeino, aeineni), qu'elles répètent sur tous les tons, et parmi lesquelles on distingue le nom du génie principal JACJ.

M. Biondelli m'a adressé, depuis mon départ de Milan, des empreintes de deux jaspes qu'il a récemment achetés à Venise et qui ne sont pas gnostiques, mais qui appartiennent encore à cette époque de fusion

---

1. Creuzer-Guigniaut, Explication des planches, t. IV, première partie, p. 75.

entre l'Orient et l'Occident qu'il s'agit aujourd'hui d'étudier plus complétement, dans les monuments de l'art comme dans les documents écrits, et je compte en tirer parti ailleurs. Je donne enfin un dessin d'une autre acquisition gnostique faite par M. Biondelli, celle d'une monnaie en bronze qui porte, d'un côté, les noms de Sabaoth, Adonaï (qui sont connus), Esefyla (qui est nouveau)[1] et Jao, qui est commun; noms dont l'ensemble ne laisse pas de doute sur l'usage que l'on a fait de cette pièce qui, dans l'origine, n'était qu'une monnaie athénienne, ainsi que l'atteste la chouette (pl. I. fig. 3). J'ai pris chez M. Visconti à Rome le dessin d'un monument analogue. C'est une monnaie d'Auguste de deuxième grandeur, portant au revers les noms de *Sabaoth*, *Esefyla* et *Jao*.

Le digne prêtre qui dirige l'Ambroisienne a bien voulu me laisser prendre, par les mains d'un habile artiste, une empreinte d'un monument fort curieux en ce sens qu'il est en bronze, admirablement conservé et d'une exécution très-nette. C'est, il est vrai, un Cnouphis ou Cneph Agatho-démon, sujet connu par un grand nombre d'exemplaires et de variantes; toutefois, aucun type de cette dimension n'existant ailleurs à ma connaissance, j'en ai conservé le moule, afin de pouvoir en multiplier les empreintes, et je m'empresse de le faire connaître par un dessin, pl. I. fig. IV. Dans ce

---

1. Voyez le catalogue de ces anges dans Bellermann, 3.ᵉ cah., p. 29, cf. Kopp, *Palæographia critica*, t. III, *passim*.

monument l'Ambroisienne possède ce qui existe de plus parfait en ce type, mais c'est le seul objet gnostique d'une collection qui renferme, dans ses montres assez nombreuses, des bronzes et d'autres curiosités moins anciennes d'un grand prix.

En somme, Milan ne paraît posséder, d'après les indications que j'ai pu recueillir, que peu de monuments gnostiques. Un excellent compatriote, M. Neyret, m'a conduit chez les marchands de pierres gravées, dans l'espoir d'y faire quelques-unes de ces découvertes qui ne sont pas trop rares encore en Italie; mais ceux qui y font le commerce tiennent, avant tout, ce qu'il y a de plus moderne et de plus magnifique; l'abraxas est banni de leurs écrins.

Pavie, qui a une pinacothèque, possède aussi un cabinet « d'idoles égyptiennes, » et comme ces monuments jettent tant de jour sur ceux du gnosticisme, c'est le cas de les étudier sous ce point de vue partout où ils se rencontrent; mais pour mon compte je n'ai rien de spécial à y signaler.

Il y avait lieu d'espérer mieux à Gênes, toutefois j'y ai échoué complétement. Gênes est une ville à collections, malgré l'absorption actuelle de la plupart des esprits dans les spéculations commerciales qui font de la soi-disant décadence de cette cité une prodigieuse opulence. Mais, au moment de mon passage, j'ai rencontré pour mes projets deux circonstances défavorables dont l'une aggravait l'autre : les collections publiques étaient fermées pour cause de vacances, et les conservateurs jetés dans l'émoi par la présence d'un souverain très-populaire. Toutefois, j'ai trouvé à Gênes des personnes qui veulent bien s'intéresser à mes vœux; et si M. Mimaut, notre consul général, trouve le loisir nécessaire pour les seconder, je dois concevoir de grandes espérances. On me dit que c'est surtout chez les comtes Arcinti, Triulci et Castelbarca, et chez M. Vandoni qu'il y a chances de trouver des abraxas ou des pierres rares et anciennes.

Je n'ai pas vu Lucques, et Pise ne m'a rien fourni; mais il y a eu, pour moi, de larges compensations à Florence, où tout le monde est gracieux pour l'étranger, et où l'on va vite et sûrement quand on a le bonheur de rencontrer des compatriotes qui veulent bien vous faciliter encore l'accès déjà facile à tout. M. de Silans et M. Michel ont eu pour moi cette bonté. M. Migliarini, professeur d'archéologie, préposé au département des pierres gravées de la galerie des *Uffici*, m'a reçu en frère plutôt qu'en confrère. La collection qui lui est confiée et qu'il a décrite dans un catalogue qui peut servir de modèle, est classée et numérotée de telle manière qu'on en fait la revue générale en peu de temps et avec beaucoup de fruit. La revue spéciale des *Amuleti*, qui forment l'objet du chapitre VIII de cet inventaire, a été une affaire plus longue et plus laborieuse. Sur environ quarante abraxas véritables qui sont énumérés dans ce chapitre, plusieurs méritent une attention toute particulière, soit comme types, soit comme variantes notables. Nous en avons fait deux parts. De l'une, j'ai tiré moi-même des empreintes de cire avec l'agrément de M. le marquis Belmonte, l'intendant général ; M. Migliarini m'a fait faire de l'autre, par un employé de la Galerie et des Musées, des empreintes en plâtre soufré, ce qui donne un objet de conservation plus considérable, mais aussi beaucoup plus altérable et moins net que la cire d'Espagne, dont je recommande généralement l'emploi aux collecteurs.

Plusieurs de ces monuments étant très-curieux sous le point de vue spécial qu'il est important de suivre en ce moment, c'est-à-dire, leur rapport avec ceux de l'Égypte, j'y appelle une attention particulière.

Le n.° 1 de la planche II représente un personnage, moitié momie, moitié vivant, c'est-à-dire cheminant dans les régions célestes, entre le soleil et la lune, allant d'abord au jugement, transporté sur l'autruche, dont le plumage est le symbole de la justice et de la droiture qui présideront à l'appréciation de ses œuvres.[1]

Le n.° 2 offre l'image du Cynocéphale, serviteur de Toth et symbole de la sagesse divine[2], mais en même temps animal sacré de Pooh-Lunus, gouverneur de la région sublunaire. Le Cynocéphale tient, comme à l'ordinaire, la balance du jugement. Mais, ce qui est

1. Mai-Champollion, papyr. du Vatican, trad. de Bachmann, p. 9, 10 et 12.
2. Lenormant, Horapollon p. 25; Mai, p. 13.

rare, il est monté sur un crocodile, le symbole du coucher (la mort) et du lever (la vie éternelle). Au-dessous figurent le chacal ou le loup égyptien, symbole d'Anubis, et le scarabée, qui est quelquefois le symbole de Phtha-toré, le créateur, et d'autres fois celui de la puissance génératrice ou reproductrice qui féconde le monde sublunaire. On voit que la scène tient à la fois aux deux régions, celle que le défunt doit traverser et celle qu'il désire habiter après le jugement.

Le n.º 3 représente une scène analogue, une âme perégrinant sous la conduite d'Anubis éclairant une momie portée par un lion, symbole de Phthah et de Neith, et qui est suivi de la bienveillante Saté, la divinité tutélaire, la gouvernante de la région inférieure du ciel que les conducteurs des âmes ont à traverser, et dont la présence, sur un pareil monument, est parfaitement motivée. On sait qu'elle reçoit les âmes au seuil de l'Amenthès, qu'elle préside au jugement des quarante-deux et qu'elle encourage le défunt pendant l'examen terrible qu'ils font de sa vie terrestre.[1]

N.º 4. Pèlerinage d'une momie sur le dos d'un lion; conduite par Anubis; elle est précédée d'une déesse et suivie d'une autre. Au revers *Jao, Sabaoth, Adonai.*

Le n.º 5 donne l'Abraxas ou le génie à tête de coq, armé du fouet et du bouclier, au milieu d'autres symboles et de personnages sidéraux, parmi lesquels on en remarque à tête de chacal (Anubis), à tête de lion,

---

1. Mai et Champollion, *ibid.*, p. 10.

à tête de bélier, ainsi qu'un serpent symbole d'Agatho-démon, ensemble bien varié et très-complet de
génies protecteurs, assistant l'Abraxas qui a, dans ces
régions le pouvoir suprême et qui en réunit les symboles. Tout ce symbolisme est emprunté à celui des
scènes du jugement égyptien, où l'on voit figurer les
dieux juges, les uns avec la tête humaine, d'autres
avec celle du crocodile, du serpent, du bélier, de
l'épervier, de l'ibis, du chacal, du lion, du cynocéphale, de l'hippopotame. C'était une des belles idées de
la théologie égyptienne que de faire présider ces juge-
ments par la bienveillante Saté. Il paraît que le gnosticisme, qui n'a pris qu'un certain nombre de mythes
et de symboles dans les richesses du. système égyptien, a reçu l'idée de ces juges. En effet, quoiqu'elle
ne soit mentionnée nulle part dans les textes connus
jusqu'ici, nous voyons par ce monument qu'elle fut
adoptée par les gnostiques. On ne dira pas de ce
monument qu'il est purement égyptien, et n'a rien de
commun avec le gnosticisme; l'Abraxas avec la légende
Jao Ablanathanalba qui en est le principal objet, est une
démonstration sans réplique du contraire. Le gnosticisme a-t-il adopté aussi l'idée d'une divinité bienveillante qui préside à l'appréciation de la vie du défunt,
en un mot, le personnage de Saté? C'est une question
que les textes connus du public jusqu'à présent (textes
qui ne tarderont pas à être augmentés par les travaux
de M. Dulaurier et de M. Miller, je l'espère), laissent

indécis. Mais quant au témoignage des monuments, il est indubitable : Saté figure non-seulement sur un monument que j'ai publié dès 1828 (Histoire du gnosticisme vol. III, pl. II C., fig. 5), mais sur plusieurs autres dont la *gnosticité* est incontestable et que je compte donner dans le Recueil que je prépare. Ici j'ajouterai seulement que la représentation d'Abraxas entouré des juges du monde supérieur, n'a de commun que la forme avec d'autres pierres où figurent des guerriers au milieu des douze signes zodiacaux et dont quelques-unes, fort belles, sont publiées, d'autres inédites; j'en ai une charmante en ma possession.

Florence ayant eu, pendant plusieurs siècles, des graveurs distingués et des amateurs opulents, j'ai eu quelque peine à me persuader qu'il n'y eût pas d'abraxas dans les collections particulières; cependant ni la bienveillance du Ministre de l'instruction publique, le marquis Boccella, qui est un savant distingué, ni celle du Ministre de France, M. de Montessuy, qui a protégé mes desseins autant que je pouvais le désirer, n'ont pu me mettre à même d'en découvrir. En vain aussi, M. le docteur Rusca, avocat, qui venait de se dessaisir de tout ce qu'il avait possédé en monuments gnostiques, fit-il faire des recherches auprès de ses amis pour m'en procurer; ces recherches furent aussi stériles que les miennes, faites avec un explorateur très-éclairé en ces sortes de curiosités auprès de quelques marchands d'antiquités. Je trouvai des sujets égyptiens, mais point de sujets gnostiques. Une seconde course que je fis de Rome à Florence pour revoir M. Rusca, qui attendait des communications du dehors, ne fut pas plus heureuse que la première. Mais je ne renonce pas encore à l'espoir de communications ultérieures de sa part.

Sienne, qui a longtemps entretenu avec l'Égypte et l'Asie-Mineure des relations propres à la mettre en possession de quelques trésors de ce genre, n'en paraît avoir point gardé. Je ne m'arrêtai pas assez longtemps à Viterbe pour y mériter une fortune meilleure. On va droit au but dès qu'on se sent approcher de la ville aux grands monuments, et l'on y va d'autant plus vite que tous ceux que vous questionnez vous y renvoient.

A mon égard, on a eu parfaitement raison. Grâce à l'introduction de M. le commandeur Visconti, que seconde si parfaitement son jeune neveu, M. Charles-Louis Visconti, j'ai été encore plus heureux que je ne croyais devoir l'être. Il est vrai que la collection du Vatican, où je comptais trouver les choses les plus précieuses, les abraxas donnés par le cardinal Zurla, me fit complétement défaut, quoique je l'aie pu explorer tout à mon aise, après l'autorisation spéciale que M. le cardinal Antonelli m'avait accordée sur la recommandation de M. le comte de Rayneval, notre savant ambassadeur, qui donne lui-même aux sciences, à l'étude de la nature surtout, ce que les affaires lui laissent de loisir. En effet, les instructions les plus précises étaient données à l'intendant supérieur des collections, et Mgr. Martinucci en aurait au besoin dépassé la bienveillance ; mais un employé devenu infidèle après des épreuves qui lui avaient valu une confiance absolue, avait disparu avec tous les abraxas y compris le catalogue, je crois, causant ainsi à la science une perte irréparable, s'il n'y a pas lieu de supposer que l'Angleterre, où il s'est réfugié, se hâtera de lui acheter sa proie et de la renvoyer à Rome. Je le souhaiterais, ne fût-ce que par reconnaissance pour toutes les bontés que l'on a pour les étrangers dans ces belles galeries du Vatican qui renferment encore tant de trésors inexplorés.

On peut, d'ailleurs, refaire à Rome, plus aisément qu'ailleurs, la collection d'abraxas qui y manque. Cette ville est encore d'une abondance dont l'étranger est frappé. Les marchands d'antiquités *véritables* y sont aussi nombreux que les autres, et je n'en connais pas de plus honnêtes que MM. Capranesi, au Corso, angle de la Via Condotti, et Bazeggio, dont tout le monde sait l'adresse. Ce dernier possède une vingtaine de pierres gnostiques, plus dignes, il est vrai, d'entrer au Vatican par le prix qu'il en demande que par leur valeur réelle, car ce sont des exemplaires usés et des types communs que, sans cette circonstance, j'aurais joints à ma collection, si élevé qu'en fût le prix. Le Vatican, pour rétablir sa section des *Amuleti*, pourra être moins sévère et plus libéral qu'un particulier. Je conseillerais, d'ailleurs, si j'avais le droit d'être entendu si haut et de si loin, d'imiter au Vatican ce qu'on a fait au cabinet des médailles à Paris, et ce que je fais avec succès, depuis trente ans, c'est-à-dire de réunir une collection de belles empreintes qui aient pour l'interprétation la même valeur que les originaux. L'occasion en est toujours là à Rome. Cadès fils, qui demeure au Corso, continue la série des empreintes commencées par son père, et cet artiste, très-inventeur, qui vend des imitations des plus belles pierres gravées, ainsi que des camées anciens et modernes les plus célèbres, les fait si bien et à des prix si modérés qu'on a facilement, en deux fois vingt-quatre heures, un assez riche ensemble de boîtes. Odelli qui a fait les empreintes du *Museum* du *Collegio romano*, et un rival de ces estimables artistes qui demeure *Via dei Condotti*, mais qui n'a qu'un petit nombre d'abraxas, mettent, l'un et l'autre, dans leurs collections les empreintes de toutes les pierres célèbres ou propres à éclairer l'histoire des arts. Toutefois, il leur est arrivé, comme à Cadès, un malheur que je dois signaler dans leur intérêt et dans celui des personnes qui prennent des empreintes à Rome. C'est celui-ci : de nombre de pierres à deux faces, ils en ont fait deux, en suivant la pente où entraînent les procédés adoptés et le désir de multiplier les monuments, négligeant l'indication nécessaire sur les deux faces séparées. Après cela il est difficile, même à l'archéologue, de rétablir la syzygie et l'unité primitive. Il en résulte, pour tous ceux qui travaillent ou raisonnent sur ces empreintes, des erreurs dont je n'ai pas besoin d'indiquer la portée désastreuse. C'est ce que ces braves marchands doivent sentir eux-mêmes et ce qui doit les porter à recommencer sur un autre pied. Je dois dire que l'observation que je n'ai pu m'empêcher de leur en faire dans l'intérêt de la science, a paru d'autant plus désoler M. Cadès fils, qu'il ne reproduit guère aujourd'hui que les types laissés par son père et dont il lui est difficile de retrouver l'origine. Ce sera donc une des choses les plus méritoires à entreprendre dans Rome, par quelqu'un des nombreux archéologues qui s'y rencontrent, que de remettre ce commerce si utile dans la voie du vrai. Si je ne me trompe, l'Institut de correspondance archéologique pourra être pour cela d'un grand secours par la description qu'il possède des monuments reproduits par Cadès. Mais comment faire pour le reste? Je l'ignore, et je regrette de ne pouvoir émettre que des vœux. Toutefois, je suis bien persuadé que M. Capranesi et M. Bazeggio lui-même, qui est un riche amateur, prêteront les mains à ce retour à la vérité

En attendant le rétablissement de la collection des abraxas du Vatican, celle du *Collegio romano*, anciennement dite *Museum Kircherianum*, est la seule qui soit publique.

Elle se compose : 1.º de onze pierres gravées ; 2.º d'un clou en fer ; 3.º d'une *phalera romana* en agate saphirine, du temps des Antonins, et sur laquelle on retrouve les mots : *Michael, Raphael, Ouriel, Sabaoth, Abrasax, Emanouel;* 4.º d'une lamelle d'argent chargée d'une inscription ; 5.º de sept lamelles de plomb qui forment un ensemble ou un cycle de représentations et d'inscriptions.

Les pierres gravées, fixées à une vitrine, mais d'une manière mobile, sont connues par les empreintes d'Odelli et n'offrent rien de particulier.

Le clou de fer est chose curieuse et rare en ce qu'il porte le symbole assez fréquent et peu expliqué de la grenouille. (Voir la grenouille sur un autel : Table isiaque de Montfaucon, Antiquité expliquée, t. IV, p. 340 ; la grenouille dans une fleur de lotus, *ibid.*, p. 348 ; des divinités à tête de grenouille, Guigniaut, Relig. de l'antiquité, pl. XXXII, fig. 141 ; la grenouille du livret de plomb, dont il sera question ci-dessous.)

La lamelle d'argent est encore une chose curieuse et rare. On a peu de ces monuments. Je ne connais que la lamelle plus ou moins gnostique du Musée de Carlsruhe, publiée par Preuschen, puis par Kopp[1], et celle qui m'occupe et qui n'était pas encore publiée, quand je la vis, mais qui vient de l'être à Naples, dit-on.

En fait de lamelle de plomb, on ne citait jusqu'ici que les deux livrets dont Montfaucon parle d'une ma-

---

1. *Palæogr. critica*, t. IV, p. 388.

nière assez inexacte dans sa Paléographie grecque (p. 182) et dans son Antiquité expliquée (t. IV, p. 379). De ces livrets, l'un qui était tombé entre ses mains à Rome et qu'il donna au cardinal de Bouillon, mort à Rome, en 1715, dans la disgrâce et dans un dérangement de fortune, a disparu, sans qu'on sache ce qu'il peut être devenu. L'autre est précisément celui dont je parle et dont Montfaucon assure que Buonanni a publié, dans son *Museum Kircherianum, la figure de deux feuillets et de la couverture*. Mais il y a là une singulière erreur. De tout ce qu'a publié Buonanni et de ce que reproduit Montfaucon, rien ne ressemble aux sept feuillets que j'ai eus entre les mains, que j'ai copiés et comparés plus d'une fois avec les dessins des deux savants. D'abord, les deux feuillets publiés par eux donnent des figures qui ne se trouvent pas sur ceux du *Museum romanum*. Ensuite ils donnent au bas de ces figures quatre lignes d'inscriptions, tandis que les feuillets que j'ai copiés en ont toujours cinq. Puis ces inscriptions ne sont pas les mêmes. Enfin, mes sept feuillets n'ont pas de couverture que je sache, et n'ont jamais été engagés dans une charnière. Je puis donc affirmer positivement que la publication des deux antiquaires, si authentique ou si exacte qu'elle soit, ce que je ne juge pas, n'est pas du tout celle des sept feuillets de plomb dont j'ai dû la communication à l'obligeance du Rév. P. Marchi. Mais je dois ajouter que les figures et les caractères ont de grandes analogies avec ceux des douze dessins du monument donné par Montfaucon au cardinal Bouillon et publié par l'illustre archéologue.

Toutefois, il y a de grandes différences aussi entre les deux ordres d'inscriptions et de figures; voir mes planches III à IX, où je publie les sept feuillets.

Au premier aspect, je vis d'abord un monument du gnosticisme ancien et véritable dans les sept lamelles en question et qui ne forment pas un livret, mais qui sont si parfaitement conservées que peu de traits vous en échappent, quoiqu'il y en ait de fort mal exécutés. Plus tard, je suis un peu revenu de cette opinion, mais il n'en est pas moins à désirer qu'il en soit fait une étude plus approfondie. L'interprétation complète de ces singuliers feuillets donnera probablement un nouvel intérêt à l'histoire du syncrétisme religieux, si non des premiers siècles de notre ère, du moins d'une époque un peu postérieure. Du moins, si ce travail appartient à une école gnostique, c'est à une de celles qui se sont le plus éloignées de la pureté et du berceau du Christianisme. On y remarque toute une série de symboles qui ne se retrouvent pas sur d'autres monuments gnostiques. Plusieurs des figures semblent en rappeler d'autres ou offrir de l'analogie avec elles, il est vrai; toutes, cependant, ont des caractères qui leur sont propres et qui semblent en faire un nouvel ordre de monuments.

En effet, nous voyons ici un symbolisme si nouveau

qu'il se rattache à peine par quelques points à celui qu'on reconnaît pour gnostique.

Le premier feuillet (pl. III) présente deux personnages, l'un sans vêtement, l'autre court vêtu, un trident sur l'épaule et accueillant le premier avec un geste de surprise. L'inscription, placée au-dessous de la scène, en mettait sans doute le sens à la portée des initiés. Faite en caractères grecs, latins et étrusques, et offrant plus de consonnes que de voyelles, elle est pour nous inintelligible.

Au revers du feuillet se voit une espèce de palmier en forme de globe et à côté une double guirlande portée par une tige garnie d'ailes. On dirait les symboles de la gloire et de l'élévation réservée à ceux qui entreprennent résolument et achèvent avec courage la carrière des épreuves et des combats de la vie terrestre.

Le second feuillet offre, au *recto*, un personnage en robe longue en adoration contemplative devant un oiseau; au *verso*, un personnage non vêtu, en face d'un petit quadrupède en forme de momie (pl. IV).

Le troisième feuillet (pl. V) montre une tortue contemplée avec déférence par un homme effacé dans mon dessin; et au revers un personnage élevé sur une colonne, les yeux fixés aux cieux, adoré par une femme.

Au quatrième feuillet se retrouve la tête de grenouille, sortant d'un corps qui semble figurer la terre, et suivie ou surveillée par un voyageur en manteau court, à tête d'Anubis (pl. VI), personnage connu par d'autres monuments.[1]

Le revers nous montre une femme cheminant, appuyée sur un bâton et reçue par un personnage en robe ornée et qui semble l'inviter à avancer.

Suit au feuillet cinquième un homme qui présente à l'Abraxas, ayant la tête de lion, un objet ou un symbole à peine indiqué et au revers une grenouille (emblème de quelque théorie métempsychologique), en face d'un serpent, qui est l'emblème du génie Agathodémon. Au-dessous de la première des deux scènes se lit distinctement le mot *Jao* (pl. VII).

Au feuillet sixième, un personnage dont le buste est radié, se trouve en face d'un monstre marin ailé, et semble vouloir l'apaiser par un présent qu'il tient à la main. Le revers présente un petit personnage d'une grotesque gravité, la tête décorée du modius, et plus loin, sans rapport apparent, un corps-momie prenant des ailes en forme de croix, au-dessus de laquelle se voit une tête, tandis qu'au bas se lit le mot κεφαλου.

Enfin, le septième feuillet offre de nouveau un personnage humain, mi-habillé et mi-couché, en face d'un oiseau qu'il regarde en avançant des bras à peine indiqués, et au revers un personnage à tête de vieillard plutôt que de jeune femme, retenant du bras droit une sorte d'écharpe sur sa tête et rappelant par sa pose la

---

1. Entre autres par un des *Amuleti* de Florence.

Nuit étoilée des monuments grecs, ayant à sa gauche un taureau assez bien dessiné en peu de traits.

Au-dessous, dans l'inscription, se voit le signe planétaire de Jupiter, et n'était la tête de vieillard, l'espèce de bâton sur lequel s'appuie le personnage à écharpe ou tunique volante, on serait tenté d'y voir la belle Europe.

En l'état actuel, l'explication de ·ces feuillets est encore hérissée de difficultés telles qu'il ne faut pas même la tenter. Montfaucon, qui voyait dans ses six feuillets douze dessins ou douze scènes, terminées par une figure qui semblait être la *nuit,* y vit les douze heures du jour avec les incidents qu'elles semblent amener dans la vie de l'homme. Les scènes étant au nombre de quatorze et ne se prêtant pas à l'hypothèse des douze heures du jour, il n'en peut plus être question. J'ai émis au sujet de quelques symboles l'hypothèse d'une représentation relative à la migration des âmes et à la métempsychose, thèmes favoris de certains artistes du gnosticisme; mais, en l'état actuel, cette hypothèse n'est qu'une de celles qui ont pour but d'en provoquer d'autres, et tel est aussi le motif qui m'a décidé à publier mes dessins dans les circonstances présentes. Elles sont peut-être très-favorables.

D'après Buonanni, ces plombs ont été trouvés dans des tombeaux, et près de Rome sans doute. Or, on vient précisément de faire d'autres découvertes qui semblent s'y ajouter, comme pour y répandre quelque jour.

Des fouilles commencées en 1850, par l'ordre de M. le commandeur Jacobini, Ministre des travaux publics, sur les côtés de cette Voie Appienne qui fut comme une des nécropoles de Rome et un des berceaux mystiques du Christianisme, ont amené effectivement, parmi d'autres richesses plus considérables, la découverte d'un assez grand nombre de feuilles de plomb qui offrent à la science des faits nouveaux et des questions difficiles. Elles méritent donc, hors de Rome, la même attention qu'elles obtiennent dans cette cité de la part des archéologues les plus instruits et auxquels en est tout naturellement réservée la publication. Tout ce que peuvent faire ceux qu'ils ont bien voulu admettre à l'étude de ces objets, c'est de préparer bon accueil à leur future apparition et de solliciter celle-ci aussi prochaine que possible. C'est dans ce but que je tâcherai d'en donner une idée, accompagnée de quelques échantillons, en témoignant devant le public de toute la reconnaissance dont je suis pénétré de ce qu'il m'ait été permis d'en prendre les dessins et d'en copier les inscriptions.

Je dirai d'abord ce que je tiens de M. Griffi et de M. Visconti sur les circonstances et l'état actuel de cette intéressante nouvelle, afin d'éveiller, à son égard, une curiosité aussi générale qu'il m'est possible.

En fouillant le sol de la *Vigna Marini*, aboutissant à la *Via Appia*, sur la gauche de la porte Saint-Sébastien (*Porta pia*), en sortant de Rome, on a trouvé, dans un tombeau très-ruiné, sauf en quelques parties : 1.º une mosaïque représentant une femme avec un enfant ; 2.º un sarcophage parfaitement conservé, et 3.º plusieurs petits sarcophages, les uns en marbre, les autres en terre cuite, contenant une certaine quantité de feuilles de plomb toutes roulées. On a retiré des sarcophages en terre cuite les feuilles de plomb, et on les a transportées au ministère des travaux publics et des antiquités. Le secrétaire général de cette administration, M. le chevalier Griffi, a voulu se constituer lui-même le gardien de ces lamelles cylindrées, en attendant qu'elles soient déployées et déposées dans un Musée. Des circonstances extraordinaires ayant fait suspendre les fouilles au mois de mai 1851, on a recouvert la mosaïque, afin de la préserver de toute détérioration; on a mis les petits sarcophages en marbre dans une maisonnette un peu démolie, mais qui rendra son dépôt à la prochaine reprise des travaux, et l'on a avisé aux moyens de recommencer ceux-ci.

En attendant, il y a déjà là toute une série de monuments à examiner, la mosaïque, le sarcophage principal, les petits sarcophages en marbre, ceux en terre cuite et les feuilles de plomb, auxquelles il peut s'en joindre d'autres pour en faciliter l'interprétation.

Ces lamelles de plomb seules ont été l'objet spécial de mes études, mais j'ai vivement regretté de ne pouvoir examiner la mosaïque; quoiqu'elle soit, au témoignage de juges aussi compétents que M. Griffi et M. Visconti, d'un travail assez imparfait, elle aurait pu jeter quelque jour sur le contenu des sarcophages. La question est de savoir si c'est la Vierge avec l'Enfant, ou Isis avec Horus qu'elle représente. Si c'est la Vierge, on a voulu assurer la sainte paix aux cendres de ceux qui se sont fait enterrer avec les emblèmes que je signalerai tout à l'heure; si c'est Isis et Horus, sujet fort aimé des personnes qui se rattachaient aux croyances égyptiennes[1], ces emblèmes s'expliquent aisément aussi. Peut-être les auteurs de la mosaïque ont-ils recherché dans l'exécution une ambiguité qui devait être favorable aux vœux de ceux dont elle couvrirait la tombe. Il n'est donc pas sûr qu'une étude plus complète et plus favorisée permette facilement d'en déterminer le caractère véritable. Toujours est-il qu'on peut se flatter de l'espérance que le sarcophage principal en aidera l'interprétation, ainsi que les petits sarcophages en marbre. Ces derniers sont du temps de la décadence et représentent la visite des mages, de sorte qu'on peut inférer du rapprochement des deux scènes, avec assez d'apparence, qu'on est dans un cycle d'idées purement chrétiennes. On se presserait trop, néanmoins, de tirer immédiatement cette induction, car les sarcophages en terre cuite viendraient, avec leur contenu, les feuilles de plomb, la contredire assez ouvertement. Elles ne révèlent pas directement, il est

----

1. V. Creuzer-Guigniaut, Relig. de l'antiq., pl. XLIX. 192. Expl. p. 91 ; — Montfaucon, t. IV., p. 311 à 312 ; — Kopp, t. III, p. 650, 647, 649.

vrai, dans les auteurs du monument une de ces sectes gnostiques qui, après avoir tenté de se faire jour avec plus ou moins d'éclat, jugèrent à propos de recourir, enfin, à toutes sortes de déguisements—en Syrie, par exemple, à la fréquentation régulière des Églises — déguisements qu'on jugerait avec sévérité s'ils n'étaient un peu atténués par la nécessité où se trouvèrent ces malheureux de cacher des doctrines qui n'étaient plus tolérées dans l'empire. Mais si ce ne sont pas des gnostiques purs que ces plombs viennent révéler, ce sont au moins des partisans de quelques-unes de leurs coutumes et de leurs systèmes. En effet, ces feuilles que j'évaluerais de vingt à vingt-cinq, mais que j'ai vues en fractions beaucoup plus nombreuses, toutes roulées en forme de cylindres et dont les unes sont plus entières, les autres plus trouées, oxydées, couvertes de terre, lacérées et séparées en morceaux, au point qu'il est impossible d'en déterminer le nombre primitif, — ces feuilles semblent trahir un autre ordre de croyances que le gnosticisme connu, et toutefois elles en exposent les symboles. C'est du moins là ce que permettent de conjecturer, dès à présent, les onze lamelles que j'ai pu dérouler avec mes savants amis. Elles présentent effectivement une série de caractères et de dessins qui ne sont pas ceux de l'archéologie chrétienne, mais qui se rattachent au symbolisme égyptien aussi directement, sinon aussi profondément que ceux des gnostiques originaires de l'Égypte.

La plupart de ces feuilles offrent des figures de femmes, mises en rapport avec un autre personnage et dessinées à peu près comme on dessine au charbon sur un mur. Toutes ces femmes, au lieu de porter le costume chrétien, sont vêtues et coiffées dans un style à part, qui n'est ni celui de l'antiquité égyptienne ou grecque, ni bien celui de l'imitation romaine telle qu'elle se voit dans les premiers siècles de l'ère chrétienne. On peut s'en convaincre par un simple coup d'œil sur les dessins que j'en donne[1]. Ce n'est pas non plus le style gnostique. Toutefois ce symbolisme semble accuser une origine gnostique au moins dans la représentation d'un personnage qui offre quelques-uns des attributs de l'Abraxas à tête de coq et à jambes en forme de serpent, cuirassé, armé du bouclier et du *flabellum*. Il y a plusieurs des attributs d'Anubis à tête de chien ou de chacal, conduisant et protégeant l'homme allant à sa destinée céleste.[2]

C'est surtout avec une figure publiée par Montfaucon[3], d'après une pierre gravée du *Museo Capello*, que celle de ce personnage offre le plus de ressemblance.

Dans nos planches X et XI, à côté de ce même personnage, on voit les bustes de deux femmes, l'une à droite, l'autre à gauche, placés un peu plus bas

---

1. Planche X et XI.
2. Voy. Creuzer-Guigniaut, pl. LII, fig. 141, etc.
3. T. IV, p. 378 (la planche porte au bas t. II, p. 175).

que lui et qu'il conduit sans doute, selon l'ordre d'idées auquel tient ce monument, comme génie protecteur aux régions célestes où elles aspirent. Ce personnage n'est pas, on le voit, l'Abraxas-Hermès ou Mercure à tête de coq, c'est l'Abraxas-Anubis à tête de chien; les serpents qui forment les jambes du premier, sont remplacés ici par un autre symbolisme entièrement nouveau.

A la main il tient la croix ansée, emblème connu.

Un autre symbolisme, plus nouveau, qui se retrouve sur ces lamelles, ce sont des corps ou des momies entourées de serpents qui sont vraisemblablement ici les symboles ordinaires de l'éternité plutôt que les emblêmes des divinités à tête de serpent qu'on voit figurer sur les monuments égyptiens et qui représentent Agatho-démon.[1]

Ce symbolisme offre ainsi une variante et une explication de celui de Chnouphis dont nous publions à la planche Ire le plus bel exemplaire qui existe.

Notre planche XII est la plus étrange des figures que présentent ces feuillets : c'est une représentation grossière de l'Anubis vêtu d'une robe longue et cheminant sans la palme et le caducée (v. mon Hist. du Gnost. t. III, pl. II c., fig. 1), mais ayant à ses pieds le symbole d'Agatho-démon, et environné de nombre de signes et de caractères.

---

1. Par exemple, sur la momie publiée par M. Guigniaut-Creuzer, Relig. de l'antiquité, pl. XLV, fig. 182, a. b. c. d.

Tout cela étonne au premier aspect. Ne sachant à qui rattacher ces figures si nouvelles, ne connaissant pas de parti spécial qui puisse les avoir produits, on serait tenté de faire comme les critiques qui contestent si volontiers au gnosticisme toutes sortes de monuments et de dire que ceux-ci sont purement égyptiens par les idées et par l'usage qui s'en fait, comme par le symbolisme. Ce serait procéder comme ceux qui déclarent gnostiques tous les objets d'art dont l'origine les embarrasse. La preuve qu'il ne s'agit ici ni de monuments égyptiens, ni de monuments gnostiques purs, mais imités de ceux des gnostiques, ressort de certains caractères qui ne laissent pas de doute sur l'origine de l'ensemble.

D'abord tout cet ordre de représentations diffère, ainsi que les inscriptions qui les accompagnent, des scènes et des légendes que nous offrent les monuments de l'ancienne l'Égypte et ceux de l'Égypte grecque.

En second lieu, le tout diffère au même degré des symboles et des légendes, de tout l'ordre de croyances et d'habitudes qui figurent sur les pierres basilidiennes de l'ancienne époque, celle des véritables abraxas.

Puis l'ordre d'idées, d'emblèmes et de légendes qu'offrent les feuillets de plomb de la *Via Appia* diffèrent bien plus encore de ce que nous présentent les lamelles de plomb ou d'argent du *Collegio romano* et du Musée de Carlsruhe.

Enfin cela diffère de toutes les scènes qui figurent

sur les feuilles si curieuses des deux livrets gnostiques dont l'un a été publié par Montfaucon et dont nous reproduisons l'autre.

Le tout se distingue des autres représentations gnostiques par une grande sobriété dans le symbolisme et par l'absence complète de quelques-uns des emblèmes familiers à ces syncrétistes.

Il en résulte qu'on ne peut rattacher ces plombs d'une façon directe à aucune des catégories énumérées d'entre les monuments classés en archéologie, et qu'il faut les mettre provisoirement dans une classe spéciale. Aussitôt qu'ils auront été publiés, et j'espère en élever l'appréciation par les faibles échantillons que j'en donne, on verra qu'une veine nouvelle vient d'être ouverte pour l'archéologie religieuse de cette époque d'enfantement d'un monde nouveau et de transformation d'un monde vieilli. Une commission spéciale vient d'être nommée pour proposer au gouvernement pontifical l'organisation d'un Musée chrétien; j'ignore si les feuilles en question doivent y entrer; mais la réunion dans ce dépôt de tout ce que peuvent fournir les fouilles déjà faites et à faire encore dans les tombeaux et dans les catacombes, répandra peut-être sur ces plombs un jour tout nouveau.

J'ajouterai maintenant que j'ai envain recherché à Rome la trace du livret de plomb publié par Montfaucon, et que j'ai lieu de croire qu'il n'y existe plus. S'il s'y était conservé, on le trouverait, je crois, soit dans ces collections particulières qu'y entretiennent quelques-unes des grandes maisons, soit chez les marchands d'antiquités. Je suis certain qu'il ne se trouve pas chez ces derniers.

Pour ce qui est des petits monuments gnostiques, il y en a quelques-uns dans la collection de M. Kestner, ancien ministre de Hanovre, dont le Musée (car sa maison, *Via Gregoriana,* mérite ce nom) renferme tant d'autres trésors d'arts et d'archéologie.

M. le commandeur Visconti, le célèbre secrétaire de l'académie archéologique, à qui les antiquités de Rome doivent une illustration nouvelle et qui possède des monuments de choix, a quelques abraxas et une médaille romaine dont on a fait un talisman. On y a gravé les noms de plusieurs des archanges qui, selon l'astrologie juive en partie adoptée par les gnostiques, présidaient au soleil (Raphaël), à la lune (Gabriel), à Mars (Sammaël), à Mercure (Michaël), à Jupiter (Zidkiel), à Vénus (Annaël), et à Saturne (Chephziel). J'ai déjà mentionné cette pièce à l'occasion d'une autre du même genre que possède M. Biondelli.

Je devrai enfin, je l'espère, la communication de quelques dessins d'abraxas à l'obligeance de M. le docteur Brunn, un des membres les plus distingués de l'Institut de correspondance archéologique, et qui remplace avec la plus grande obligeance quand il y a lieu, le docteur Braun, secrétaire de cet Institut.

Bologne, dont j'ai visité le Musée avec le gardien

seul et en l'absence de son conservateur, le professeur d'archéologie, Rocchi, qu'en avaient éloigné les vacances, ne m'a rien fourni, et j'ai lieu de croire qu'il ne se trouve pas une seule pierre gnostique au Musée de cette ancienne Université, qui a recueilli avec tant de soins toutes sortes de monuments, surtout des pierres tumulaires de familles juives. On m'assura que le principal possesseur de pierres gravées, le docteur Frati, était la personne de Bologne qui pourrait le mieux me guider dans mes recherches ; mais tous mes efforts de voir M. Frati furent faits en pure perte.

Pour ce qui concerne Venise, j'avais une sorte de certitude que, dans cette cité semi-orientale, confluent de tant de peuples et de religions, je trouverais quelque dédommagement ; mais on dirait que toutes les collections qu'on y comptait autrefois, ont disparu comme la collection du sénateur Capello, qu'un anonyme a publiée, en 1702, d'une manière si défectueuse. En effet, on ne voit dans ses dessins ni les dimensions, ni le véritable caractére des monuments. Tous y ont l'air d'être de la même grandeur et tous les genres d'écriture s'y ressemblent, fautes d'autant plus regrettables que, de toute cette collection il ne reste ni dessins, ni empreintes, et pas plus de trace à Venise qu'au Vatican, où elle avait été déposée par le cardinal Zurla. En revanche, il se trouve dans cette vieille cité marchande une réunion considérable d'*antiquailles* de tout genre, amassées par un marchand, dans un grand bâtiment, la *Scola S. Teodoro architectura Sanguirico*. On y trouve surtout quantité de pierres gravées, anciennes et modernes, authentiques et suspectes. Je n'ai rien rencontré à Padoue, à Vérone, à Brescia, à Bergamo.

Telles ont été, dans cette excursion, mes bonnes et mes mauvaises fortunes. Puissent les unes et les autres être de quelque instruction pour ceux qui s'intéressent à une classe de monuments dont je ne m'exagère ni l'importance, ni la rareté, mais dont je crois qu'il convient de s'occuper aujourd'hui dans un esprit nouveau, avec plus d'impartialité, plus d'exactitude et plus d'étendue dans les points de vue.

En effet, il ne s'agit plus seulement de refaire les systèmes de doctrines du gnosticisme et les nombreuses ramifications qu'ils éclairent. Nos recherches doivent servir à un dessein plus général et plus élevé, celui d'éclairer la marche de l'esprit humain lui-même à l'époque de ses plus grandes crises et de sa plus grande instruction, dans ces siècles où il passe de toutes les désolations du scepticisme et de toutes les fausses consolations du mysticisme au christianisme lui - même. Guidé déjà de quelques lueurs de la vérité, mais n'osant faire ce grand pas avec assez de confiance, il s'attache, tant qu'il peut, à quelque reste des erreurs qu'il a longtemps chéries, cherchant en vain à se soutenir à ces planches rompues d'un navire brisé contre les écueils, et ne lâchant prise souvent qu'autant qu'il y est forcé par un ensemble de lumières irrésistibles, ou même de violences qui lui sont faites au nom des lois de l'empire et des événements qu'amène la marche providentielle du monde.

Il fut un temps où c'était au judaïsme, surtout à la kabbale et à la doctrine de Philon, qu'on demandait le plus d'éclaircissements sur cette grande transition de l'esprit humain de l'ancien monde au nouveau, dans laquelle le gnosticisme joue un rôle si important. Pour l'explication des textes et l'appréciation des exposés que donnent Tertullien, Origène, S. Irénée et S. Épiphane sur le gnosticisme, le judaïsme conserve son ancien rang; mais pour ce qui est de l'explication des monuments que les gnostiques nous ont laissés eux-mêmes, on doit être désormais bien convaincu que c'est aux antiquités de l'Égypte qu'il faut demander le plus de lumières, et si les idées, la terminologie et les symboles du judaïsme, de la kabbale surtout, ont fourni à ce système certaines croyances, c'est l'art égyptien qui lui a fourni le plus de symboles.

Je ne terminerai pas cette courte notice où j'ai dû exprimer ma reconnaissance à plusieurs personnes qui ont secondé mes recherches en Italie, sans accomplir publiquement le même devoir à l'égard des savants qui les secondent et les protégent depuis longtemps, et parmi lesquels je dois nommer particulièrement M. Glennie, de Londres, M. Jannsen, de Leyde, et

M. Félix Lajard, qui ne se lasse de me faire part de tout ce qui peut avancer une étude que tant d'affinités rattachent à ses prédilections légitimes.

J'ai annoncé, il y a déjà un certain nombre d'années, un volume spécial sur les vrais monuments gnostiques. Ce qui en retarde sans cesse la publication, c'est l'accroissement incessant de ma collection d'empreintes. Je ne me flatte pas d'acquérir des copies de tout ce qu'on a dans ce genre, et j'en ai trop vu pour me livrer encore aux illusions d'un recueil complet même approximativement, mais j'espère arriver à un résultat propre à satisfaire les exigences raisonnables, et je commencerai la publication dès que j'en verrai l'opportunité au point de vue de la science. Ce moment se rapprochera singulièrement si les savants conservateurs de Londres, de Berlin, de Vienne, de Leyde, d'Iéna, de Mannheim, de Rome, de Naples, de Turin, de Milan et de Florence, veulent bien continuer leurs précieuses et obligeantes communications.

FIN.

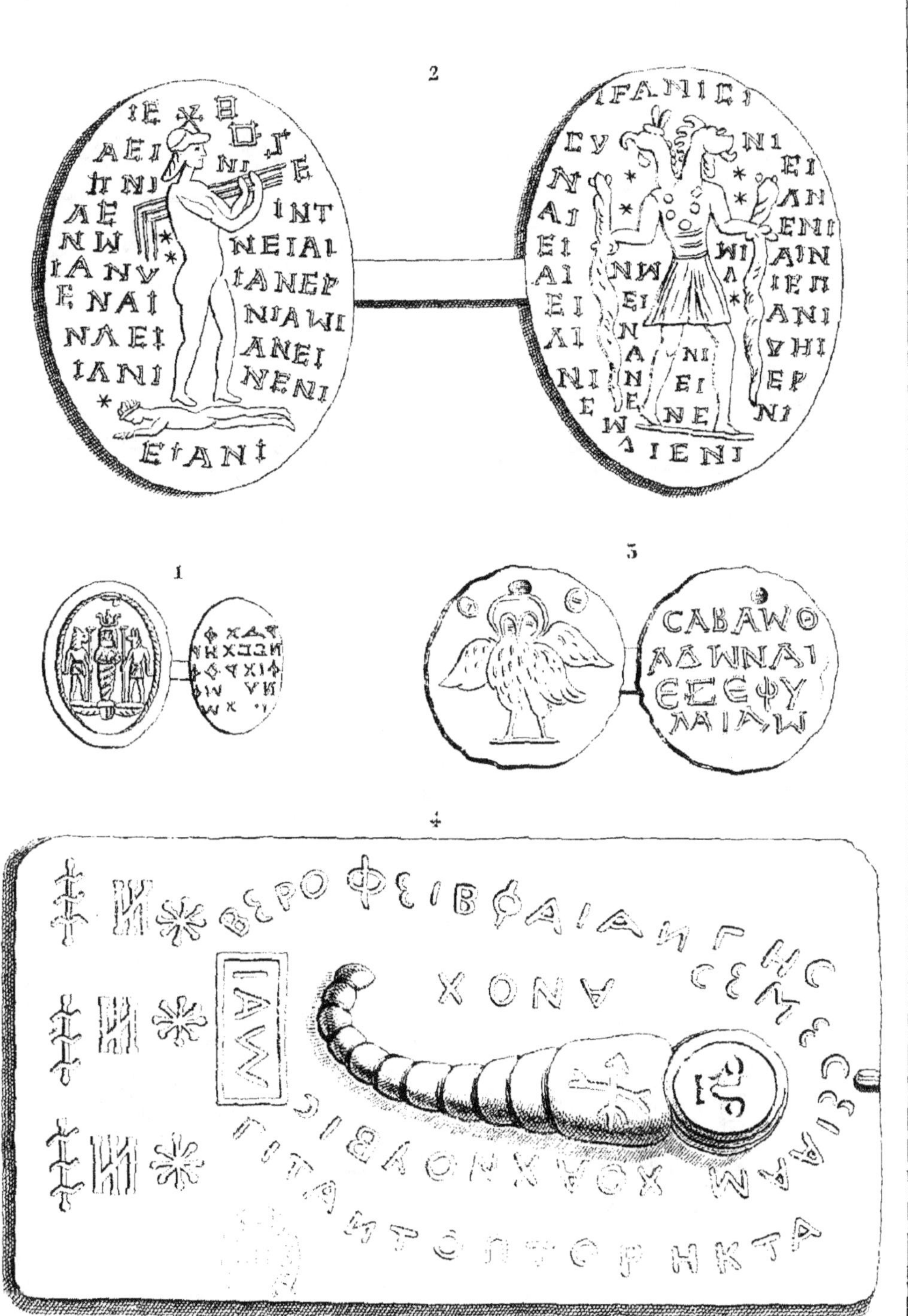

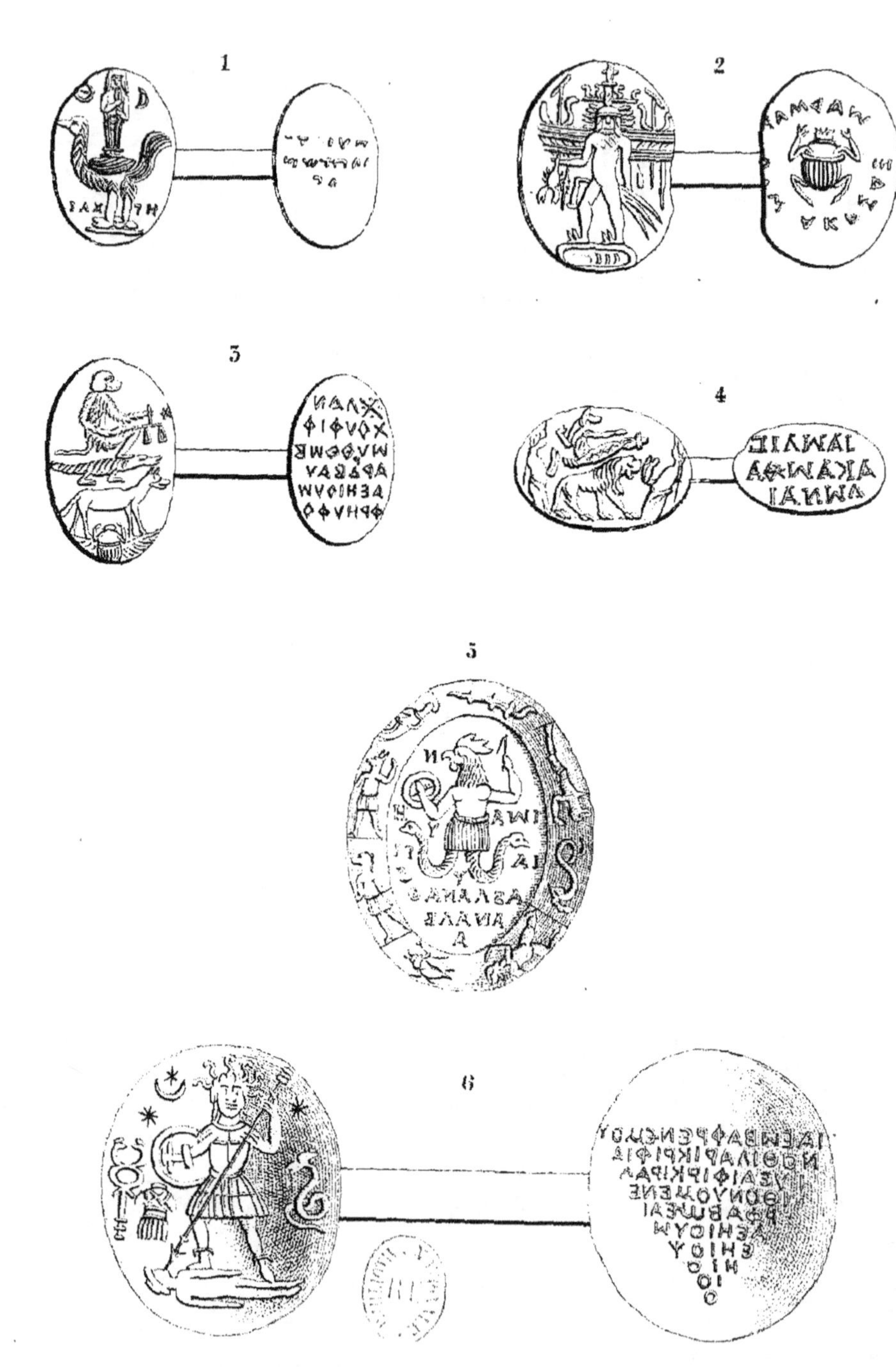

1

2

3

4

5

6

Homme appuyé sur un instrument
inconnu et regardant la tortue.

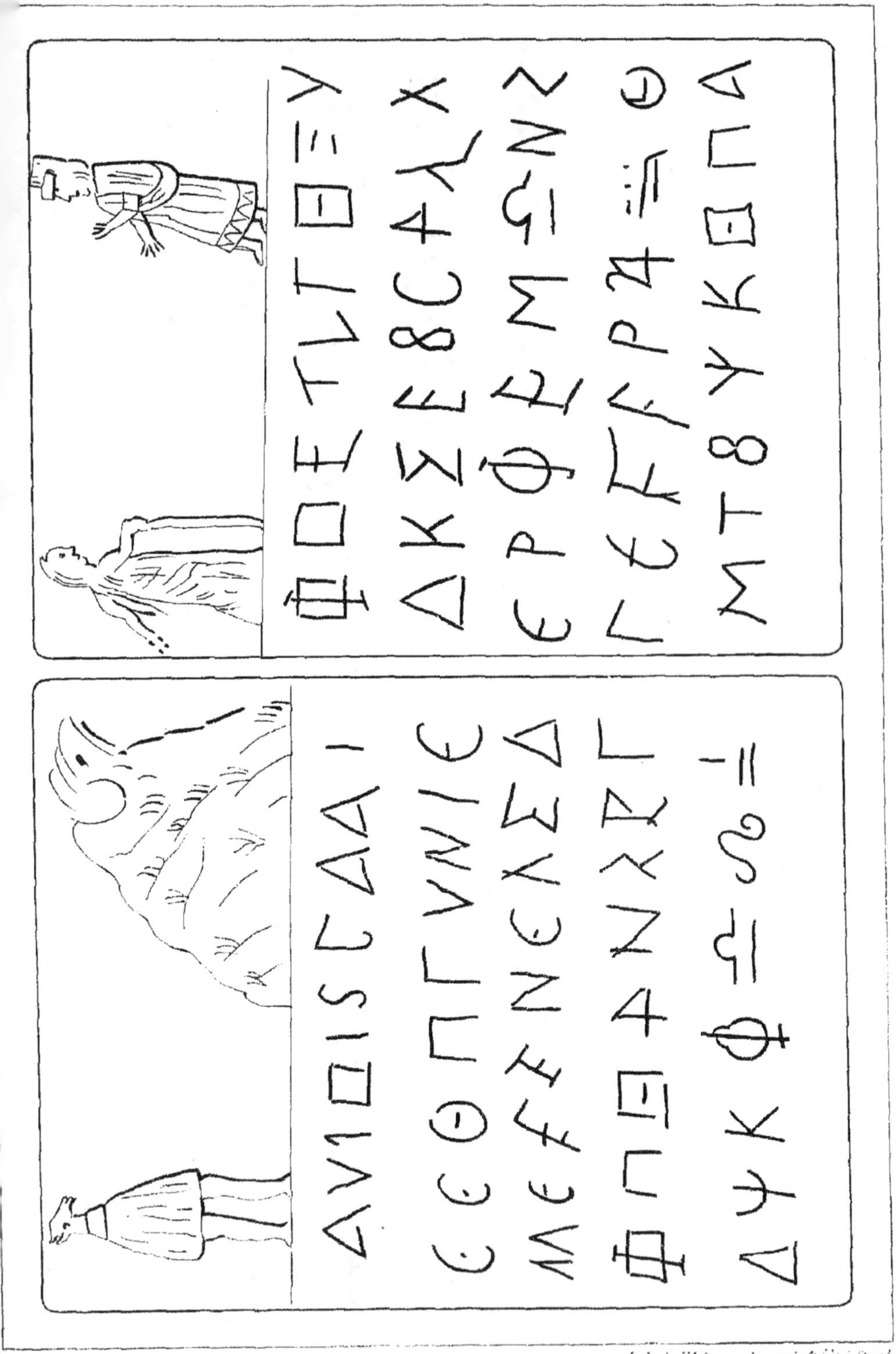

Lith. de Ve Berger Levrault & fils à Strasb.

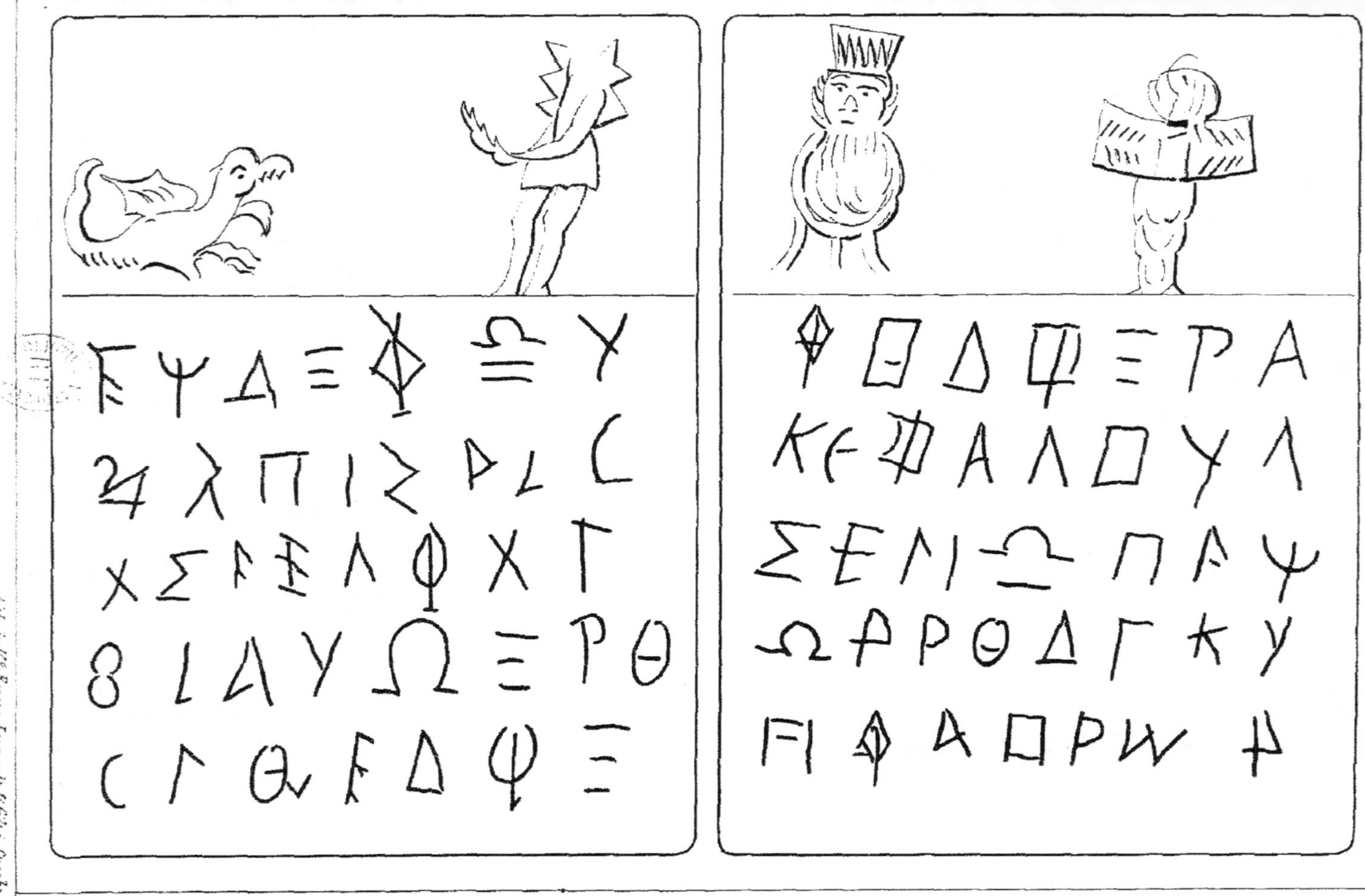

Pl. VIII.

Pl. IX.

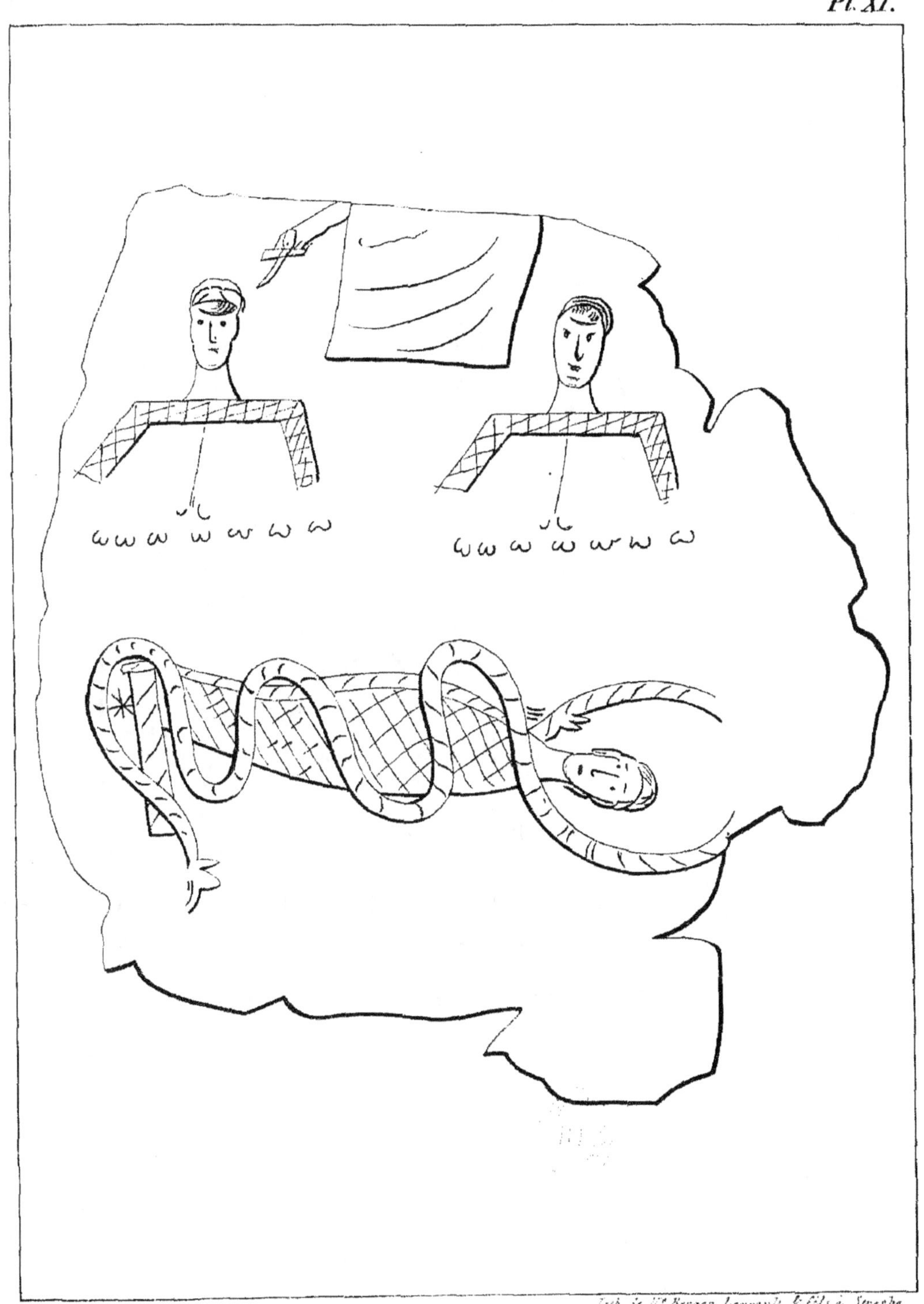

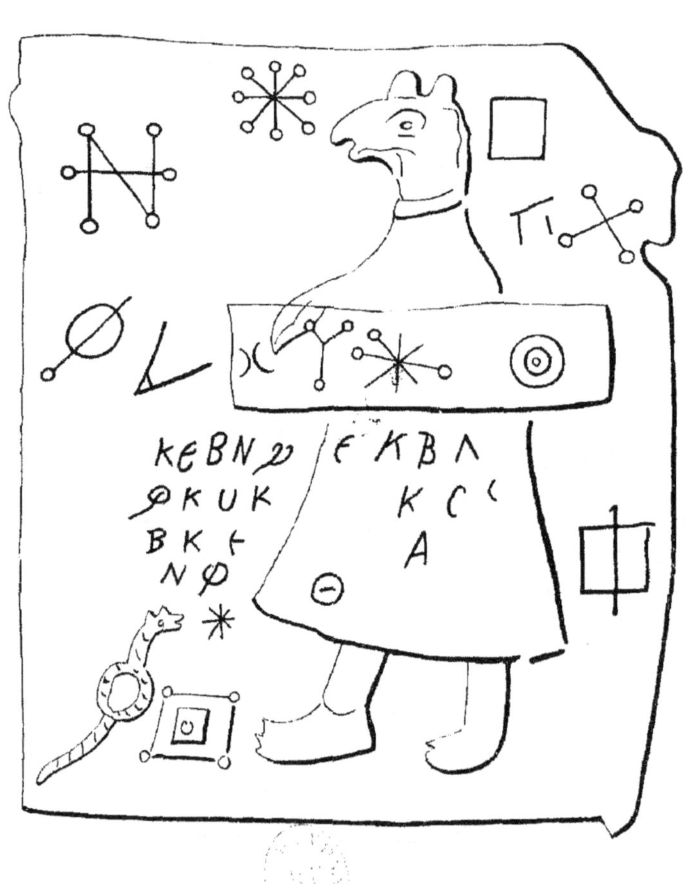
KEBN
KUK
BK
N
E KB
K C
A